CW00429829

ARRABAL DE SENECTUD

Lo que el otoño deja
Antes que cante un gallo
Bajo otro amanecer
Cuanto marchitará el verano

Antonio Cillóniz

ARRABAL DE SENECTUD

Lo que el otoño deja
Antes que cante un gallo
Bajo otro amanecer
Cuanto marchitará el verano

iadelca
ediciones

COLECCIÓN BIBLIOTECA ANTONIO CILLÓNIZ

POESÍA:
Lugares de la utopía / Tocando un espejismo / Salvo este oasis / Eco de un silencio / Un modo de mostrar el mundo / Como fruta madura / Otra versión de la historia / Según la sombra de los sueños / Venturosa morada / Ascuas lejos de la hoguera / **Arrabal de senectud** / Temblor de un fuego en sus cenizas / Tiempos de acronía / Monumento a los escombros / Oír crecer la hierba / Quién sabe qué / Llover sobre mojado

OTROS GÉNEROS:
Así así nomás (relato) / Crítica & Poética (ensayo) Valoración & trascendencia (homenaje)

ARRABAL DE SENECTUD
Amazon: Impresión bajo demanda

Contacto: antoniocilloniz@gmail.com

POIESIS Y *DIKÉ*: SOBRE EL ITINERARIO POÉTICO DE ANTONIO CILLÓNIZ[1]

Jonathan R. Mostacero, Filósofo y poeta. Perú

Hacer justicia a la obra de un notable poeta con una breve reseña resulta ser una tarea, por demás, insuficiente; sobre todo si nuestro personaje en cuestión posee una trayectoria de más de cincuenta años que continúa floreciendo debido a su excelencia. El caso de Antonio Cillóniz es particular en la lírica peruana. En 1970 obtuvo el premio Poeta Joven del Perú por su libro *Después de caminar cierto tiempo hacia el este*, galardón que compartió con José Watanabe y el que había sido otorgado diez años atrás a Javier Heraud y César Calvo. Sin embargo, a pesar de este reconocimiento, su figura no alcanzó a gravitar fuertemente en el panorama poético nacional, tal vez por lo lejana de su residencia; el poeta radicaría desde muy joven en España, país en el que actualmente mora.

En 1973 fue antologado por el crítico José Miguel Oviedo en la colección *Esos 13* junto a poetas del movimiento Hora Zero, motivo por el cual siempre se le asoció a la Generación de los 70. Este hecho fue cuestionado por el mismo poeta en "Acerca de la periodización de la poesía peruana de los años 60", su intervención en el II Congreso de Peruanistas de Sevilla del 2004, y recogido en su libro de ensayos *Crítica & Poética* (2019). Cillóniz defiende la necesidad de establecer el término de "Generación del 68", apoyado en las posturas de Alejandro Romualdo y Jorge Valenzuela, centradas en demostrar el cambio estilístico de la poesía de fines de los 60, junto a las transformaciones sociopolíticas producto del "proceso revolucionario" de Velasco Alvarado. Su condición de insularidad, resaltada por Ricardo Falla y el mismo Oviedo, si bien es cierto, ha ocultado por muchos años su obra del panorama poético peruano, hoy es plenamente reconocida y empieza a adquirir su real trascendencia.

Desde su primer libro, *Verso vulgar* (Madrid, 1968), puede contemplarse el flujo de una lírica reflexiva y de aspecto humanista, donde el rótulo de "poesía conversacional" abreva del modernismo anglosajón, al igual que en el caso de Rodolfo Hinostroza o Antonio Cisneros. El aspecto ético es una preocupación constante, "Hoy lo difícil no es / pintarrajear un libro. / Plantar un árbol es otro cantar" ("Historia natural del poema"), que intercala, desde la nostalgia, el

[1] Artículo publicado en la revista *Ergo*, nº 2, mayo 2021, págs. 46-48.

desastre de la guerra, “Me sonreía / y todo para despertar y ver / que no amanece nunca tal / en realidad, como en los sueños” (“De ilusión también se muere”) y su afinidad a la clase trabajadora “Tardó en nacer / este libro / el mismo tiempo que emplearon / los obreros / en terminar de alzar la plaza”, nuevamente en “Historia natural del poema”. Estos conceptos van a tomar dimensiones de un carácter épico en *Después de caminar cierto tiempo hacia el este* (Lima,1971), en el que se avista el influjo de *The Cantos* de Pound, al recurrir a la historia como vehículo para –en lenguaje de Walter Benjamin– la vindicación de los “vencidos”: “Ramsés II puede decir, dirigiéndose al dios Sol: / “Te he ofrecido el sacrificio de una lápida de plata, / forjada a golpes de martillo, montada en oro fino; / he construído y labrado para Ti / la augusta nave Userget de ciento treinta codos de largo”. / Pero todo artesano que cincela la piedra / está más molido que el polvo” (“Tratado del espanto”). La injusticia es percibida en toda la historia, y la voz poética se siente en la responsabilidad de visibilizar las iniquidades del poder “Los de la tribu Kaw recibieron 9,900 dólares por cabeza / por el territorio que les fuera arrebatado ilegalmente en Nebraska” situaciones que llevan a crear analogías con las tribulaciones halladas en su propia nación: “Pero nada nos dieron a los quechuas / del Cusco por el Cusco” (“Aves de mal agüero”). A pesar de su recorrido histórico, el poemario no pierde cuotas de actualidad al retratar la catástrofe de aquel año en el poema “A las víctimas del terremoto del 70”, donde se expresa una necesidad despojada de retórica “Se necesita un cargamento de remedios y víveres / para el Callejón de Huaylas, / se necesita otro de ropa y maquinaria en Huaraz”.

Si bien es cierto, obras como las dos anteriores mencionadas y *Los dominios* (Lima, 1975), recopilación de sus dos primeros poemarios más *Fardo funerario*, que incluye el sobresaliente poema rilkeano “Sinfonía del nuevo mundo”, dan cuenta de una ostensible calidad estética, es con *Una noche en el caballo de Troya* (Madrid 1987, Premio Extraordinario de Poesía Iberoamericana 1985) que su poesía alcanza su pleno refinamiento y madurez. El aspecto conversacional es tornado en un estilo que evoca la tradición clásica, donde lo lírico “Y quiero alzar mi canto más alto todavía / que mi mano. / Quiero tocar casi las nubes / con una voz como la lluvia” (“De la tierra del fuego”) conjuga plenamente con lo épico “Los grandes poemas / no cantan ya las hazañas de los terribles aquélidas / sino los horrores de las máquinas de guerra” (“Arcano mundo”), sin perder el gran tema de toda su poesía: la denuncia contra la tiranía del poder. En el poema “El anónimo de Lima”, las resonancias de *Leaf of grass* de Walt Whitman y la unión vital entre poeta y sociedad emergen cuando manifiesta: “Escribo aquí desde una casa / lóbrega y oscura / para un niño rubio de Missouri / que espiga una llanura / amarilla de trigo bajo el sol. / Y escribo también para el viejo / negro/feo/enfermo de Brooklyn / que no sabe leer". Posteriormente, estas cualidades son intensificadas al expresar una profunda fraternidad social, donde el yo quede diluido en un imperativo moral: "Yo escribo / para los que no saben que yo escribo / y ni siquiera que existo". El poemario, a pesar de evocar por momentos el esplendor del mundo grecolatino, nunca abandona la esfera social que lo convoca. El héroe, figura central de este libro, no debe ser visto a la manera tradicional de las epopeyas, como figura aristocrática que invita al asombro, sino más bien como aquel anónimo sepultado por el tradicional discurso del poder; este anónimo que no es un "uno", es el pueblo mismo: "Si preguntas a mi gente / por los grandes héroes de mi pueblo / te dirán que no saben/no contestan / pensando en el hueco de su historia / pero ellos los nombran / removiendo las piedras de la geografía / porque no conocen / ni tú / ni yo / cuando dicen nosotros" ("Una descripción del Perú"). Por otro lado, debe otorgarse especial atención para "Arcano mundo", el poema más memorable del libro, así como uno de los más logrados de la obra total de Cillóniz y –creemos– de la literatura peruana. En él se brinda un perfecto ejemplo de un clasicismo trascendentalista en orden de una crítica social, situación que ya habíamos considerado en nuestro trabajo "Crítica y épica: Una lectura sobre *Una noche en el caballo de Troya* de Antonio Cillóniz" publicado en el libro homenaje *Cillóniz: valoración & trascendencia* (2020). Los cantos "No son / ya el descanso del guerrero en medio de la batalla / sino la ira del tirano" ("Arcano mundo"). En los anteriores versos se refleja el desplazamiento político de la esfera de la poesía, otrora festejada por guerreros, hoy censurada por los gobernantes en la modernidad.

Casi luego de treinta años, después de diversas reediciones de sus obras completas, no exentas de supresiones, aumentos y constantes correcciones de sus antiguos poemas, en Lima, bajo el sello Hipocampo Editores, consigue editar *Opus est poesía completa* (1965-2016) en 4 volúmenes, con valiosos tomos de poesías agregados a su anterior obra. El mismo año, formando parte de ese corpus, aparece otro de sus libros imprescindibles: *Victoriosos vencidos* (2016), un conjunto de seis poemas largos que evidencian su enorme deuda con la humanidad de Vallejo y Blas Otero. Con un estilo austero, señalado por Antonio Melis en su prólogo a la obra, en el que se propone resaltar la relación profunda con el espíritu colectivo, el poeta alcanza una de sus cimas creativas. Estamos en el acontecimiento de una poesía social, mas no política.

Las críticas sobre la Doctrina Monroe, el campo de exterminio de Mauthausen o la violencia de los totalitarismos son representadas de forma descarnada y de una gran carga dramática, sin caer en la afectación. Nos remitimos a citar parte de los versos finales de "En esta nueva Arcadia" para su cabal comprensión: "ya avanzan las orugas de los tanques / y al fin / las brigadas de asalto avanzan ya también / y al cabo / penetrarán las carnes / traspasarán los cuerpos / pero nunca entrarán / nunca entrarán jamás / en nuestros corazones vivos / desollarán las pieles a jirones / quebrantarán los huesos / pero no pisarán / nuestras conciencias / no pisarán jamás / ni un solo pensamiento nuestro".

Resulta muy interesante percibir el fenómeno de la creatividad en un artista, especialmente en un literato. Schopenhauer solía manifestar que, en el genio, el intelecto primaba sobre la voluntad; sin embargo, a pesar de la sabiduría que convoca la vejez, es sabido que muy pocos autores llegan a escribir libros imprescindibles en una edad longeva. Como grandes excepciones tenemos a Cervantes, Goethe y otros pocos. Cillóniz debe considerarse entre esos raros autores que, después de haber publicado obras de reconocida calidad estética en su juventud y madurez, sorprenden con iguales o superiores libros a sus setenta años. Luego de *Victoriosos vencidos*, continuó con *Usina de dolor* (2018), obra hermanada con la anterior por dignificar el dolor humano y denunciar la violencia del capitalismo –ahora célebre por ganar el Premio Nacional de Literatura (2019)– siguiéndole *Tríptico de las Furias* (2019), *Versión del otorongo* (2020) y el reciente *Monumento a los escombros* (2021). Claramente, parece ser que la productividad de Cillóniz se ha intensificado en esta década, y su reconocimiento como poeta mayor empieza a tener consenso general en el medio. Enhorabuena, probablemente estemos ante uno de los mayores líricos de nuestra literatura, e incluso del panorama hispanoamericano, en el que el ejercicio poético alcanza su hondura al revelar los designios de *Diké*, antigua deidad protectora de los hombres ante el falaz despotismo.

BIBLIOGRAFÍA

Cillóniz, Antonio (2019). *Crítica & Poética*. Lima: Hipocampo Editores.

______________ (2016). *Opus est poesía completa* (1965-2016). Tomo I. Mañanas de primavera. Lima: Hipocampo Editores.

______________ (2016). *Victoriosos vencidos*. Lima: Hipocampo Editores.

Gutiérrez, Teófilo (Ed.) (2020). *Cillóniz: valoración & trascendencia*. Lima: Hipocampo Editores.

LO QUE EL OTOÑO DEJA

HORIZONTES RÚSTICOS

I. LOS ANIMALES

La vibración que hoy nos complace
es más la del sonido.
Y así nació la música.
Aunque para cantar
los pájaros se posen
de silencio en silencio
sobre los aleros de las casas
o entre las ramas de los árboles.
Y simulen no ver el cielo,
porque el canto más bello siempre
es el de un ruiseñor cegado.
Aun cuando todo canto al aire
sea una voz que entre los ruidos
vaya de viento en viento
hasta el último olvido.

El instinto del vuelo de las aves
y su secreta inclinación hacia los árboles
se incuba ya desde los nidos
y una vez quebrado el cascarón por los polluelos
aún espera el crecimiento para alzar el vuelo hacia las nubes.
Y vi bandadas de aves desdichadas
cruzar un cielo gris hacia el oeste.
Yo vi salir el sol
y he visto al sol ponerse.

Un árbol dista de sí mismo
la misma altura que remonta
un pájaro en su vuelo
y, aunque a lo lejos no se distinga del resto de los árboles,
sólo los pájaros serán capaces de reconocerlo.

Y aun cuando el trino
de un pájaro en el bosque
a la distancia se oiga,
sólo otro pájaro será capaz
de acudir a la cita
o quizá solamente le responda un eco.

Todas las cosas mientras viven,
ya sean piedra o planta o flor,
intentan perdurar entre los muertos
aun cuando sea
como el reflejo de una sombra sobre el agua.
Y el árbol cuyas ramas y hojas se estremecen
o los penachos del trigal, meciéndose,
incluso la pequeña hierba renacida
y hasta los trinos que cada mañana escucho
permiten que yo vea
la fuerza y dirección del viento.
Y es muy triste sentir que todo cesa,
pero nada entristece más que ver un pájaro
sobre la tierra, muerto.

Después también
he visto el cuerpo descompuesto de una res
en pleno campo.
Tenía una expresión
de muerte en sus dos ojos
pero la vida alrededor aún bullía
en los graznidos de los buitres.

II. LOS HOMBRES
El campesino
que por la noche vuelve
de trabajar los campos
huele a estiércol y a fango seco;
camino de la aldea,
parece un espantajo huído del sembrado
a quien moviera y empujase sólo el viento.

Y en su piel el sudor
se vuelve costra con el polvo.
Y el polvo que también respira, en su garganta
se vuelve barro, el mismo polvo que mañana
será su cuerpo bajo el fango.

El pescador faena por la mar, pero reposa en tierra.
Los marineros siempre tienen un hogar en cada puerto,
pero su verdadero tálamo
es el inmenso lecho submarino.
Incluso el labrador
vive en la aldea donde no labora.
Sólo los guardas forestales
habitan en los montes que vigilan;
la soledad los torna silenciosos
y exige mucha fuerza ahí
arrancar de la tierra alguno de sus frutos.

III. LA NATURALEZA
Miro los valles
que a veces se desbordan
quedando retratados en los ríos.
Pero también en medio del desierto veo
un río seco hasta la desembocadura haciendo
de todo el pedregal su cauce.

Qué cosa más humilde que la hierba, dije
y miré la capa de brezo y turba
sobre la cual hincaba sus raíces y pensé en las piedras
de la capa freática y el magma
de más abajo.
Qué cosa más humilde que el volcán
sepultado bajo su propia lava.
Pensé
qué cosa más humilde que el diamante
que fue carbón después de ser
ardiente brasa.

CARTAS DE NATURALEZA NUEVA

Mirando distraídamente el cielo
creo que vi una estrella nueva. Ven.
Desde un remanso, a la derecha,
se ve una ermita, oculta
en la maleza de la orilla
hay una estaca
a la que puedes amarrar el bote
si llevas una soga
lo suficientemente fuerte y larga.
Y allí donde la sombra de un castaño crece
repararás tus fuerzas, luego
te harán falta para salir airoso
tras cada remolino entre los rápidos.
Lo que a partir de entonces te suceda
tendrás que descubrirlo por ti mismo.
Y que esa nueva estrella, si es que desde ahí la ves,
te guíe siempre.
Todos los días a eso de las doce
saldré para esperarte en el embarcadero
que hay antes de la curva en donde el río
se precipita en una catarata inmensa
cuyo fragor parece sólo viento.
Espero que me veas.

Ven, no tardes, también al alba he visto
la huella casi imperceptible
de un ser hasta hoy desconocido.
Y en el ocaso estoy oyendo
el trino más desgarrador
o apenas uno de sus ecos.
Apresúrate.

Me he echado mientras te esperaba
a reposar sobre la hierba
y he visto formas nuevas en las nubes;
ven antes de que el viento se levante,
aunque si tardas siempre alcanzarás a contemplar
otros contornos todavía inéditos.

CON LAS SOMBRAS DE ADÁN

Así como la perfección de cada flor
se ve reproducida torpemente por su sombra,
aunque el suelo la acoja sin ningún reproche, así
–incluso cuando un manto de hojas
y de pétalos ya lo cubra–
ella conserva intacta su figura
adentro ya de sus semillas
como una sombra en medio de la noche.

De todo aquello, sólo se conserva el firmamento
pues con la simple dimensión de nuestras propias vidas
no es posible advertir jamás sus cambios.

APARICIÓN DEL OBSERVADOR EN EL PAISAJE

Esta ventana de mi habitación
es como un libro
encima de la mesa, se abre
siempre a la rosa de los vientos.
Y hasta es incluso más, un folio
en blanco todavía, pero en donde
ningún autor podría adivinar jamás
lo que el sol le depararía luego
con el tintero de sus propias sombras.

DE LA NATURALEZA DE LAS COSAS

I. NATURALEZA OBJETIVA

Ninguna telaraña se parece
a otra, aun tejida por la misma araña,
pero entre sí resultan ser iguales.
Se ajustan a la forma de los lados
y a la distancia exacta de los ángulos
del pequeño vacío que rellenan todas,
como quien teje haciendo que se ajuste
hilando fino
el talón de una media
al pie que va a calzarla.
Así es como se aplica siempre
la regularidad abstracta
de una mecánica instintiva
a la morfología irregular
de lo concreto.

Y en cada primavera toda flor
hace memoria de lo que antes fue.
Y en cada soplo de la brisa
la vida vuelve a ser
lo que antes era
en el rumor del agua
o el silbido del viento entre los árboles
o el zumbido de los insectos
o el trino de los pájaros.
Y en la grandeza humana
tan sólo la futilidad
de aquél que como cada flor de toda primavera
hace memoria de lo que antes fue.

Si consideras que el rumor de la vida es el agua,
si consideras que la tierra es el latido de la vida,
si consideras que el aliento de la vida es el aire,
si consideras que el fuego es la pasión por la vida,
si consideras que el colorido de la vida es la luz,
entonces compórtate con las alimañas
como si de tus propios hijos se tratase.

II. NATURALEZA INTERIOR

Alguien me preguntó
¿hasta dónde alcanzará tu vista en un día claro de verano,
como hoy,
y hasta dónde en una noche oscura del invierno?
Depende, respondí:
veo la luna siempre que hay luna
y el sol durante los días que son soleados,
sin embargo a tan sólo
un metro de distancia
no distingo los movimientos de una simple hormiga
de una piedrecilla movida por el viento.

Y hemos visto las luces en la noche
y hemos subido a la colina
para acercarnos con la vista
hasta esa casa,
esa casa encumbrada por los hombres.
Y ahí nos hemos encontrado
con puertas y contraventanas ya cerradas.
Y pegamos el ojo
a las rendijas para ver
y tan sólo se vio la oscuridad.
Después también pegamos –para oír–
la oreja a las paredes
pero se oyó el vacío de la nada,
en medio de un silencio para así escuchar
tan sólo ese silencio
que desde allí salía.

Verás las sombras de otros días,
esa nada espectral, que fue nuestro pasado.
Prescinde del verdor y entonces mira
el verdadero engaño
de aquellas primaveras.

III. NATURALEZA HUMANA
Llegué a riberas, ascendí a montañas
y me adentré en los valles
y en parte alguna vi
ni círculos perfectos
(y en ellos
ni diámetros, ni radios, ni tangentes),
ni cubos, ni octaedros, ni ángulos
opuestos por el vértice,
ni rectas, sean perpendiculares éstas
o paralelas entre sí.
Cuanto yo he visto parecía amorfo,
deforme
como la lava avanza y se hace sólida,
como las dunas que de aquí desaparecen
para volver a aparecer de nuevo allá
lo mismo que las olas,
que vienen encrespándose,
para al final dejarnos sólo
con un cerco de espuma
alrededor de nada.

En el rubí
o en el diamante o el topacio
sigo viendo la luz
de los antiguos hecha fósil.

IV. NATURALEZA DOMÉSTICA
Al abrir la ventana de mi cuarto he visto
una nube con una forma nueva
y, paralelamente, yo he tenido
una imagen distinta de la vida.

Pero quien cierra los ojos ¿qué ve
cuando los cierra?
¿Tan sólo noche y sueño
o sombra y muerte?

Todo hombre no es capaz de resolver
la misma incógnita,
al menos no de una manera equivalente,
ni de escribir la misma sinfonía siempre
o de dictar las mismas leyes que otros.
Sin embargo, ¡qué esfuerzo más dignificante
del águila al volar como las águilas,
de la liebre al correr como las liebres
o del pez al nadar como los peces!
No como el hombre
que a través de la historia
tan pocas veces resultase
enteramente humano.

Todo átomo tomado al margen
de su molécula
resultará la sombra
de su existencia
y así también, multiplicado,
formará otro órgano distinto.
Mi realidad
no es la materia de mi cuerpo
sino la imagen dibujada
en el vacío
por cada movimiento de sus átomos.

V. NATURALEZA SUBJETIVA
El sol desciende por el aire
hasta apresar las cosas
en una superficie iluminada.
Y hay otros hilos que tus ojos lanzan
hacia esa enorme telaraña,
para que tu mirada aprese el sol, su propia red
donde las cosas ya cautivas

meciéndose se entregan
al gozo de saberse contempladas.

En todas esas flores
hay otra flor;
en todas esas nubes
hay otra nube.
Y ellas son todas esas nubes
y todas esas flores, a la vez,
o al mismo tiempo son también
la única flor,
la única nube de tu mente.

VI. NATURALEZA EXTRAÑA
No sé bien cómo ha sucedido,
pero de pronto estoy en plena selva.
Los pájaros parecen flores
que vuelan hacia lo alto en un estrépito de trinos
con aromas y tintes singulares.
Los instrumentos de los músicos
o los muestrarios de los grandes perfumistas
no me sirven para identificarlos;
ni los salones de pintores rechazados
querrían exponerlos como cuadros.

Río es todo cuanto mis pies recorren
y a ambos lados son valles todo cuanto veo.
Igual que la montaña de donde provengo
desmonte es lo que va quedando atrás
y es sólo mar lo que me espera.

Allí
una única luz nos alumbra a todos.
Y entonces
todo el paisaje se abre a nuestros ojos.
Para cada uno de nosotros
siempre los árboles florecen.

Pero ni tú ni yo jamás
probaremos ninguno de sus frutos.

VII. NATURALEZA METAFÍSICA

Un hombre
que ve cien pájaros parados
en la copa de un árbol
¿es un hombre que ve
un solo pájaro en cien árboles
y son también cien hombres viendo
un pájaro en cada árbol?
Lo mismo que a+b por a+b
es $(a+b)^2$
y también a^2+b^2+2ab.

Pero un hombre que ve cien pájaros parados
en la copa de un árbol, solo,
puede pensar
que son cien hombres viendo
un solo pájaro
o imaginar también
que ve cien árboles;
pero en el suelo al pie del hombre
adentro de la sombra de aquel árbol
también hay otros
cien pájaros de sombra.

Otro día vi un árbol y me dije
realmente esto es un árbol
y vi un pájaro después y pensé lo mismo.
Y así ocurrió
con todo lo que fui encontrándome a mi paso
en mi camino.
Mas reparé en mi sombra y no era yo.
Y contemplé mi cara en un estanque,
pero eso no era yo tampoco.
Hasta que me topé con otros hombres,
que a todos los demás decían ser al mismo tiempo yo
pero ¿después cada uno de ellos era

–además de sí mismo–
también el resto de nosotros?

VIII. NATURALEZA LITERARIA
Lo mismo
que todo el universo desde fuera
es una gota de rocío y ésta
desde dentro semeja un firmamento,
la realidad ahora
es esta página
que intenta reflejar la realidad.

Mira la luz, un resplandor azul que asciende
en la alborada tenue que se extiende.
Está llegando desde atrás del horizonte
donde se esconde y ya perfila la silueta de los montes
por toda la ladera; un haz que en formas se reparte
por los colores de las cosas
y en sus sombras en blanco y negro se deshace.
Vuelve a mirar la luz que así desciende,
apenas ya es penumbra lo que esparce
dejando el resplandor de lo que ahora es noche.
Pero la realidad también es esto, oscuridad,
que estoy ahora (ante tus ojos) extendiendo.

Un trazo más
y otro ojo nacerá.
Un resplandor y ya
ese ojo te verá.

EMANCIPACIÓN DE LA REALIDAD

¿Qué es un árbol?, le preguntaron
de noche al leñador los pájaros.
Cuando decimos noche o árbol,
¿qué es lo que escuchas en mi canto?

Las cosas son en tanto como sombras
por la pared de una caverna
hecha concavidad para la esfera
donde se esconde lo que fuera nombre.
En noche oscura es pura noche
y en materia su imagen confundida
o sólo oscuridad vacía
de esa nada del mundo que recoge
como si fuese vida.

SACADO DE LA MEMORIA

La interminable franja
de asfalto serpentea
por las laderas de los montes,
después de la quebrada
desciende al valle,
en donde gracias a los puentes
vadea un río hasta la gran garganta
entre estas dos montañas.
En parte pertenece a la ciudad de la que vienes
y pertenece en parte a la ciudad a donde vas.
Pues esas dos ciudades permanecen
unidas entre sí por una vida férrea
en la que pasen diariamente trenes de ida o vuelta,
mientras una locomotora
–esa vieja máquina de hilvanar
aldeas y ciudades–
jadee en un interminable traqueteo
adormeciendo a los que van o vienen dentro.
Después de décadas regreso
por estos mismos sitios y lugares
por los cuales pasé cuando me fui
y de todo eso sólo queda la montaña,
esa quebrada donde nace el valle
y el río seco que lo saja ahora
como una vieja herida
que ya no sangra.
Que antes nacía en la garganta
y ahora muere ahí,
para alejar un poco más el horizonte
de donde ahora estamos.

Y aquí la puerta da a la calle, cuando sales,
aunque, si vuelves de ella, da a la casa.
Y esa casa rodeada de otras casas es el pueblo
al que una carretera lo atraviesa;
es el viejo camino que va del pueblo al monte.
Desde ahí todo el valle se divisa
con ese río serpenteante y su arboleda
al borde de sus dos orillas, cuyas sombras une
un puente, desde arriba
se ven mucho mejor las curvas del sendero,
que es también el camino que devuelve el monte al pueblo
y, entre vallados de parcelas, va por todo el campo
para tan sólo aproximar
despedidas y no recibimientos,
pero no se advierten las calles del poblado ni las puertas
que, más que unir las casas, las enfrentan y separan.
Ahora, desde el mismo sitio, se divisa un lago,
pasados ya
treinta y pico años, media vida, casi
mi vida entera.
Pero el poblado antiguo
–que sumergido está bajo el pantano–
allí también emerge
en el recuerdo del anciano
que ahora lo contempla
lo mismo que antes.

Todo lo que hoy no alcanzo a recordar
nunca ha existido:
Esa barca que te llevaba
se fue con el viento;
pero tú te has marchado en otra:
No en la que el agua reflejaba,
aquélla, cuyos remos
la iban destruyendo;
ni en ésa, cuya sombra
tu propia sombra tripulaba;
sino en ésta, que queda
sola en mi pensamiento,
la que acabará naufragando
con el tiempo también en mi memoria.

ENSEÑANZAS DE LA EDAD

I. CAMINO DE LA EXPERIENCIA

¿Reflejamos el mundo
más pequeño de lo que es
o exageradamente
agrandamos nuestras sombras?

La razón intenta comprender la naturaleza,
pero la fe se empeña en corregirla siempre.

Sólo la soledad de un hombre
le acerca siempre más a un Dios.

He olvidado todo lo que recuerdo.

II. TESTIMONIO DE LA EXISTENCIA

¿Reflejamos el mundo
más pequeño de lo que es
o exageradamente
agrandamos nuestras huellas?

Aquí hay otro hombre que tropieza
siempre dos veces en la misma piedra.
La misma en que su padre tropezó dos veces.
Quizá, porque no cambia de sendero;
quizá, porque es lo que les une
o porque siempre son iguales
todas las piedras de cualquier camino.

Ninguno debe ser juzgado
por sólo lo que alcance,
sino también
por lo que siempre persiguiera.

Sólo recuerdo por qué olvido.

III. FRAGMENTOS DEL CONOCIMIENTO
¿Reflejamos el mundo
más pequeño de lo que es
o exageradamente
agrandamos nuestras dudas?

Encubrir la ignorancia
no significa ser sabio,
pero acercarte a la sabiduría
te hace siempre más ignorante.

Cuando al final se alcanza
todo el conocimiento necesario
acerca de la vida,
éste, ya no nos sirve demasiado.

Recuerdo que he olvidado todo.

IV. INSTANTES DE INCONSCIENCIA
¿Reflejamos el mundo
más pequeño de lo que es
o exageradamente
agrandamos nuestros sueños?

Por ejemplo, yo sé quién fui
y sé que llegué a ser
hasta los que jamás he sido.

Y entonces hay que contemplar la nada
mirándola como algo.

Y ya no puedo olvidar
porque no recuerdo nada.

ANTES QUE CANTE UN GALLO

MIENTRAS DURE EL ESPÍRITU

El día que empezó a caer la nieve
cogimos el trineo y nos lanzamos
colina abajo
por la pendiente de la vida.

Mi casa ahora es ancha y larga.
Bajo su techo, que es redondo, están las nubes
y día y noche tiene como huéspedes
al sol y a las estrellas.
Ahí, donde antes se alojaron unos
y adonde otros vendrán también después,
algunos cuantos sólo piensan
si sus hijos podrían trasladar mañana
sus muebles a otra casa.

Nos asomamos todas las mañanas
a las ventanas para ver la aurora,
para sentir la vida
siempre abrimos la puerta de la calle.
Estamos en la Tierra
para permanecer en ella temerosos.
Mis huellas
son resultado de mis vanas tentativas
y a nadie le aconsejo que las siga.

Como a ningún lugar se llega nunca sin rodeos,
para llegar a este momento de mi vida
necesario fue así que hubiese transcurrido
bastante tiempo, demasiado para un hombre.
Y no hizo falta que ningún instante
tuviese nada de especial tampoco.

Bastó tan solo el tedio y el cansancio,
pues las montañas ellas solas
no vienen al encuentro de uno
y no queda otra alternativa
que proseguir mudándonos
de la desilusión de una verdad
al engaño de nuevas ilusiones.

LO QUE SOPORTE EL CUERPO

Casi todos los días me levanto,
ando y me visto solo
por rellenar un traje
que recubra mi pobre desnudez.
Sin ánimo de yo lucirlo
ni propósito de ante los demás mostrarla,
así salgo a la calle
y camino hacia el infinito, adonde
siempre doy con mi sola sombra,
que es como un faro, puesto
no para ver,
sino para que todos vean
adónde hemos llegado.

Mi corazón retrasa
como un reloj sus horas
hasta volver a aquel instante
que desde entonces siempre ha recordado.
Me acerco un poco más
para que pueda hablarle sin forzar la voz.
Ahora
que estamos ya tan cerca,
dime, ¿cuándo has pensado al fin
dejar de golpear mis sienes?
Bien es verdad que te he hecho
a veces padecer
quizá excesivamente;
pero también es cierto que los dos nos esforzábamos
acaso en ignorarnos.
Tal vez te haya exigido siempre demasiado,
aunque tú a veces tampoco eras muy cordial
conmigo, que digamos.

Deja que te acaricie dulcemente
desde mis venas,
seguramente
uno al otro nos vamos a tener
que seguir todavía soportando
durante cierto tiempo.

LOS AÑOS QUE VIVIMOS

Lo que hemos visto aparecer de pronto
es un comienzo nuevo de una antigua conclusión.

Tal el azar de las generaciones,
que de haber muerto alguno de los padres
o haberse despertado –al menos, antes
de engendrar– agotado, triste, enfermo,
hoy no estaría vivo aquí.
Fueron palabras de un antepasado nuestro,
muerto hace mucho tiempo ya.
Tal lo transitorio de todas nuestras generaciones.

Nadie es más grande que su sombra
ni más hermoso o noble que la sangre
que haya entregado o recibido.
Papas y reyes vienen de lo mismo
que se practica en los prostíbulos
e irán adonde tengan que ir
también los buitres.
Aunque me preocupa más ahora
si mi pensión soportará
los nuevos precios del barril de crudo.

LOS DÍAS QUE NOS QUEDAN

Denme un ángulo y trazaré el camino;
tomen la perspectiva del espejo
y volverán al punto de partida.

Vivo lo que aparentemente sí es la muerte
para dormir imaginando
lo que realmente no es mi vida.
Aunque prefiero
en la vigilia de otro insomnio
que sea todo un sueño.

LA CONCIENCIA DE UNO

Cuando oigo pronunciar mi nombre
en cierto modo el alma
de todos mis antepasados
se agita imperceptiblemente
en su lecho de polvo
como el temblor de un fuego
en sus propias cenizas.

Para alguien que en su vida no hizo más
que revivir amores de Beatriz o Laura,
como alocución a la poesía,
o que sintió la brisa y el rocío
como silva a la agricultura de la zona tórrida,
¿qué sentido tendrá su compromiso
con el Estado, el Banco
o la hija del tendero de la esquina?

¡OÍD, MORTALES!

Salgo a sentarme
en el poyo trasero de la casa
porque me gusta contemplar
el inmenso poder que aún conservo.
Hoy soy más fuerte que Hércules,
más valeroso que Alejandro,
más sabio que Aristóteles
o más astuto que Temístocles
y gozo de riquezas tales que
ni al propio Midas le durasen:
Yo puedo contemplar no sólo el oro
sino también la plata
que la luna y el sol
derraman hoy sobre la tierra.

Me tumbo sobre la arena y cierro los ojos bajo el sol.
Me estoy quieto intentando no pensar en nada
y sin embargo siento
que el mundo gira
alrededor de él mismo
indiferente a si nosotros
seguimos trajinando por la superficie
o en su interior ya estamos descansando.

Así es la vida, a mí también
a veces las llegadas de los trenes
me son del todo indiferentes.
A veces dejo que los trenes pasen.
Nunca nada ni a nadie espero.
Pero también
a veces me impacienta que no llegue ningún tren.
Aunque también a veces sin saber a dónde va
al primero que viene yo me subo
o indiferente pierdo el último que pasa.

O cuando estoy a punto de llegar
quiero que el viaje continúe.
Siempre estoy impaciente por partir de nuevo,
sin que en ninguna parte
nadie ni nada a mí me aguarden nunca.
Así es toda mi vida siempre.

MI BREVE PASO POR LA VIDA

Sin conocer aún a mi vecino
de su hospitalidad yo gozo
pues han crecido tanto ya sus árboles
tras los linderos
de mi pequeño huerto
que a su sombra me tiendo
todos los días sofocantes del verano.

Y a pie regreso luego del trabajo
hasta la puerta de mi vieja casa
y ahí donde mi pie se fue posando
la forma de mis plantas he dejado.
Tan sólo tras la fría madrugada
bastarán unas gotas de rocío
para borrar mis huellas del camino,
para borrar así también
mi breve paso por la vida.

DE LA VIDA BREVE

La vida breve pasa
feliz o desgraciada
como cuando se lanza
una moneda al aire
que siempre cae,
ya sea verdadera o falsa.

A mi siniestra siempre se divisa
el majestuoso vuelo en alas
de aquellas misteriosas aves
con las que el tiempo presuroso arroja
su sombra en este valle.
Y ante mis pies cansados yo también
contemplo con igual premura
cómo se muestra fugitiva el alma
de un río donde sólo quedan las imágenes
de la mudanza de las hojas en las copas de los árboles
o el lento paso de las nubes.
Así también los años han cambiado
como la piel de las serpientes o el plumaje de los pájaros
el hábito de aquellos
que ahora visten
peor que el camarero que en el bar les sirve
una copa con la que celebrar que olvidan.

CONTRA UNO MISMO

Cada descubrimiento de hoy
me deja a mí
tan apesadumbrado
que me acongojo y más
sabiendo
que estoy en todas partes yo quedando
y en cualquier momento yo
ya voy dejando
ADNs de mi cuerpo como huella, como rastro,
como posible imputación de crímenes,
de robos, de secuestros.

Sobre la mesa del quirófano
me cercenaron medio tronco.
¿Un agujero abierto
a la medida de las manos de los médicos
o al tamaño de mi riñón derecho?
Sin embargo por ese hueco enorme
también sacaron las dos pinzas
de ese minúsculo cangrejo vivo
que hacia atrás de los días caminaba
para que no llegara yo a mañana.

Es el suicidio más cobarde haber dictado
mi mente la orden
–de la que dice no tener conciencia–,
que, en vez de propiciar los amoríos
de Zeus con cada una
de mis Dánaes misteriosas,
trajo a Cronos, el vil Saturno
que roe todo cuanto le rodea,
como si fuese yo hijo suyo.

NATURALEZA ESENCIAL

Ven, siéntate a mi lado
y ponte a contemplar todo esto.
Los objetos desaparecen
y reaparecen luego
como cuando por el espacio viajan
reflejando la luz solar los meteoritos.
Y es el tiempo también lo que transcurre en ellos.
Solo el sujeto permanece inmóvil
mientras ve que alrededor de él
junto con el paisaje entonces
un corro de hombres va cambiando siempre
hasta verse formando parte de ese círculo
de sombras confinadas a la noche.

La Tierra se destruye.
Los lechos de los lagos y los cauces de los ríos
se resquebrajan por la falta de agua.
Va invadiendo el desierto cada valle.
La flor se seca,
la extinción amenaza a todas las especies,
en el mar se derrite el hielo de los polos
hasta dejar las costas inundadas
y la capa de ozono de la atmósfera desaparece.
Sobre este árido pedregal
no puedo estar sentado todo el tiempo.
En busca de la vida debo levantarme.

¿Qué es el árbol, quizá las hojas
que el otoño desprende
de sus ramas, acaso las raíces
que no se ven, tal vez los frutos
que a cada pájaro arrebata un niño
o quién sabe tan sólo el tronco?

Y ¿qué será su imagen,
después de ser mecida por el viento:
sobre el río lo que es reflejo suyo
o encima de la hierba,
lo que es su sombra?
Posiblemente
la silla en que cansado duermo,
la mesa en donde insomne
mis sueños yo desvelo.

SINTIÉNDOME EN LAS COSAS

¿Inspiro yo el aroma
acaso de las rosas del ocaso
que fruto de mi espiración habrá de ser
quizá futuro aliento de otro
ya suyo más que mío?
Todo el pasado permanece
en cada flor que crece
justamente hasta ser
otra flor de su misma especie.
Y eso parece un renacer.
De lo caduco,
de lo marchito,
de lo difunto,
de lo extinguido.

Mis dedos
van pasando las hojas
de los libros de la sabiduría,
son páginas en blanco ante mis ojos,
pero ellos miran
también por la ventana del estudio
las flores del cerezo y el almendro
que anuncian sólo el tiempo
que ya no vivirán conmigo.

Soy los ruidos del juego de los niños
que imitan a los pájaros
porque los oigo,
porque los veo
yo soy los árboles donde los pájaros se posan
lejos del vocerío de los niños.

Y cuando ya no esté
allí estarán los niños y los pájaros
y hasta los mismos árboles sin mí.
Pero nada será distinto,
pues siempre habrá otro que los siga viendo
y que los siga oyendo como yo.

Estoy en la carrera
de postas que es la vida.
Ya sólo tengo
que entregar el testigo.
Hacerlo pronto y rápido
es toda la misión
encomendada por los hados.

LAS HORAS QUE VENDRÁN

Después de todo es lo que queda.
Ya no hay ferreterías en mi barrio
porque nadie hace nada por sí mismo.
Todo lo necesario viene por correo
en cajas de poliuretano.
Sólo nos queda, al margen
de hacer poemas,
leer las instrucciones
para tener nosotros todo lo que ansiamos.
Y eso es también cuanto soñamos.

Y hay que tener un corazón de roca viva
para seguir latiendo entre los muros de una cárcel.
Un corazón igual que piedra de afilar cuchillos.
Pero en el comedor de las prisiones
sólo hay platos de sopa con cucharas.
No importa. Cualquier mango
pacientemente restregado contra un muro
adquiere con el tiempo
la forma y la función de los cuchillos.
Sólo quien piensa ver el cielo limpio
es capaz de reptar entre excrementos.
Y el olor de los matorrales luego
resarce del hedor de la cloaca.
¿No es hermoso dormir a la intemperie? Dime
¿podré dormir confiado en este mundo
si he aprendido a soñar entre las ratas?
La belleza no nos hará felices
ni mucho menos todavía
mejores, la bondad.

Ah, los tiempos pasados
en que tan sólo de los árboles
cogíamos los frutos
que estaban ya maduros
y retozábamos contentos
después bajo sus sombras,
¿verdad?
Ah, que tiempos aquellos
si conseguías ser
siempre más ágil y veloz
que un puma.

Finos nervios y tensos músculos
te han hecho en la carrera
con suaves bridas y severa fusta
acaso el triunfador
o ¿más bien nosotros, los rezagados, hemos sido
quienes logramos tu victoria?

Después de haber vestido
ya los distintos largos
de las perneras
o casi todas las diversas tallas
del vientre de los pantalones,
puedo decir que no hay
mayor celeridad que la del ala
del pájaro alcanzado en pleno vuelo
desde su trayectoria siempre
hacia la gravidez
entre su doble condición
de cuerpo y sombra
que en tierra ya son uno.

SUPERVIVENCIA

Por la ladera menos inclinada
de la colina subo cada tarde
a lo más alto desde donde se divisa
en toda su extensión el valle.
Me gusta estar ahí
más que por verlo
para sentirme parte de él.

El ínfimo secreto de la transparencia
es ese humilde gesto
de estar sin que lo noten
cediendo su existencia a todo aquello
que en torno se aproxime
para a su vez ser ello.

Nos investimos con ropajes dignos
de los nuevos rituales que celebraremos
en los templos edificados
últimamente con premura en estos tiempos.
Aunque somos partículas moviéndose
enloquecidamente por la nada,
que a su vez se revisten de minúsculas
redes que intentan retener
en sus huecos el vértigo al vacío.
Pues la conciencia de ser plenamente
–eso que hace a la vida, plácida o incómoda–
reside a través de los gestos
finalmente en el tacto.
Y al ver mi sombra sobre el suelo
sé que existe un camino firme
y cierto.

LA SELECCIÓN DE LAS ESPECIES

Has hecho fallecer entre tus manos
cientos de saltamontes en un páramo,
lagartijas que huían por la arena
escondiéndose entre las piedras,
luciérnagas de noche
apagadas durante el día,
mariposas posadas en algunas flores,
abejas,
incluso algún ratón doméstico
atrapado antes de su ratonera;
y todos fenecieron
delante de tus ojos, sin ningún reproche de ellos
ni culpabilidad por parte tuya,
hoy que serás la víctima
entonces tú ¿de qué te quejas?

1992, UNIVERSIDAD DE VERANO

Un poeta abrió entonces la sesión y un periodista
preguntó por el V Centenario;
el público se revolvía en sus asientos.
Tan sólo yo respondo:
Lea las crónicas en Indias,
después vea los reportajes sobre América latina
y al fin compare, en sus asientos
el público permanecía inmóvil.
Unos cuantos poetas extranjeros, sólo
algunos críticos, entre otros
insignes profesores, asistentes todos
ese año al mismo curso en San Lorenzo
del Escorial estuvimos hasta el amanecer
en la terraza de verano.
Algo cansado ya de estar oyendo siempre
hablar de poesía clásica o de métricas modernas creí oportuno
retirarme con una venia general, por lo que a mí respecta
para no interrumpir a nadie.
Pero uno de ellos me retuvo y ya de pie ante mí
inclinándose en una reverencia grave
–no sé con quién me confundió, tal vez
por tantas copas– dijo «usted merece
ser despedido de este modo».
Y ahora que ya estoy
más próximo a la muerte –lo recuerdo todo
como si fuese hoy día–, al fin comprendo
que era un homenaje a la misma vida
tan sólo en mí representada al ser quien antes
aunque de un modo no definitivo todavía
de ahí se despidiera.
Igual que ahora
hoy me despido aquí.

BAJO OTRO AMANECER

COMIENZO DE LA REPRESENTACIÓN

Estoy postrado en una cama.
Tan sólo de ella
como un fantasma se levantan
mis propias sábanas.
Mas desde la ventana veo
unas muchachas
que en el jardín de enfrente juegan.
Dentro es invierno y fuera primavera.
Durante el día
sus voces oigo
que como un eco en mis oídos
se ríen por la noche,
porque la vida sigue
hoy en sus pechos palpitando todavía.
Seguir amando todo
cuando has dejado ya de ser amado
es igual que abrigar
en tu interior la primavera
que ya bajo la nieve
de tu invernal aspecto yace.

Destrozando con un piolet el hielo
rescataré burbujas
de apresadas atmósferas antiguas
para no respirar los aires
de los motores y las fábricas
que alrededor de mi cabeza flotan.
Y beberé después del derretido
hielo también las cristalinas
aguas de arcaicas épocas
totalmente alejadas
de los desechos de mi tiempo
hasta poder gozar
–al menos un instante
aun cuando sean primitivos restos– ya
de una vida tan breve aunque más pura
e intensamente sosegada.

TESTAMENTO OLÓGRAFO

Nacer, vivir la aurora
que también ha nacido,
un lento atardecer vivido
bajo la sombra
de un ocaso, que en una larga noche
está cayendo como un manto enorme.

Viví la rebelión de nuestro tiempo;
todo era ahora y todo fue hoy,
entonces;
los que presuman de llegar a la vejez
ya con una conciencia tan tranquila
serán entonces tan sólo unos insensatos.

Siento que nuestro tiempo va pasando.
Unos lucharon vivamente
para lograr ser aceptados
en las filas de los conquistadores;
otros nos resistimos obstinadamente
a ser apartados del bando de los perdedores.
Ser sabio es saber renunciar a estar
donde la gloria no perdurará jamás.

Y en tanto que tú estés
donde perdura sólo no durar
el tiempo a ti te hará
ver lo que no querías nunca muerto ser
hasta ser lo que no quisiste en vida ver.

RELOJ SOLAR

Mis ojos vieron los periódicos
que contaban los muertos de Hiroshima y Nagasaki,
mas no fueron capaces de pasar sus páginas
y averiguar entonces
qué era un periódico, ni tan siquiera
podían ellos deletrear sus nombres.
Y al final de los días tengo ahora
más conocidos ya en los valles de la muerte
–algunos ahogados en los propios ríos de la intemporalidad,
otros desbarrancados de los mismos montes de la transitoriedad–
cuando todo lo verde de la primavera
con lo amarillo del verano
se va tornando ya
lo más rojizo de este otoño
cara a los próximos inviernos.

En las aspas de los molinos
movidas por los vientos,
contra las hojas de los árboles
y entre las hierbas altas
levemente agitadas por la brisa
y ante los movimientos
del sol y de la luna tras las nubes,
con sus sombras atravesando todo el valle,
veo que el tiempo pasa, raudo como un pulso
entre la esencia y su existencia
acelerada en las muñecas y las sienes,
que levemente late ahora,
ante el cansino transitar de nuestra sangre
cada vez más espesa
por el oscuro túnel de unas venas tan estrechas.

Mas cuando coja mi sombrero y mi bastón
saldré a la calle:
He quedado a tomar café con un amigo de la infancia
al que no veo hará como cinco años.
No son muchos, pero a esta edad
parecen siglos.
Después de habernos dicho
de que a pesar del tiempo transcurrido
seguíamos igual que entonces,
que cuándo, dije yo
¿así estábamos ya tan viejos antes?;
y entre más cosas, ambos
nos despedimos.
A ver si no dejamos esta vez
que pasen otros tantos años nos dijimos
cuando nos íbamos
ya al pie de nuestros autos.
Pero esos carros
vetustos aunque caminando todavía
ya son chatarra en los desguaces
y sólo polvo ahora con nosotros
toda esa muchedumbre anónima
en la que estábamos inmersos.

ARRABAL DE SENECTUD

Más cerca cada vez del mar
también del sur,
¿qué es lo que yo he venido a hacer acá?
¿Todo sigue el sentido de mi alejamiento
o desde cuándo se podría señalar
que cuanto más nos alejamos
en cierto modo es un camino de retorno?
¿Y en qué momento nos hicimos viejos?
¿Hasta cuándo la infancia
y desde dónde ya la madurez asoma?
Y, aunque la plenitud se debilite,
sabremos que en la senectud alumbra
el mismo sol que viéramos
desde el instante mismo de nacer.
De aquel tiempo de adolescencia,
aunque lo revivamos siempre a nuestro modo,
qué hubiéramos querido
que fuese sólo un sueño
y qué,
aun cuando no lo recordemos,
hubiese sido preferible no haberlo tenido que olvidar.

Entonces,
cuando dejaste de ser joven,
lamentabas no haber sabido
aprovechar mejor los años.
¿Malgastarás ahora así
también tu senectud?

DEL PASO DE LOS AÑOS

Son tan sólo unos pocos quienes sienten
verdadero temor al Cielo,
pero de lo que todos tienen miedo
es de saber que con el paso de los años su figura
cada vez más recuerda la silueta de los muertos.
Aunque lo que ha de preocuparnos más tal vez
no deba ser la muerte,
sino quizá tan sólo la agonía
de la vejez que nos entrega en todo su esplendor
la propia vida misma.

LA VIDA

La vida
nos coge por la nuca y nos arrastra
hacia la sombra de un gran árbol
para su almuerzo entre la hierba.
Pero antes de que sea la hora de la siesta
uno a uno soñamos despertarnos
al borde de esa línea que separa
el día de la noche, el río de la orilla.
Y sorprendidos así
de espaldas, de frente o de costado pero yendo
de sueño en sueño persiguiendo
sombras, silencios, mariposas leves desapareciendo
todo tras cada nuevo ocaso hacia otra vieja aurora siempre.
Y ahí permanecemos contemplando
un horizonte que cerca y asedia nuestro pulso respirando
aires entrecortados, sudorosos, jadeantes soportando
su aliento tibio, su mirada fría,
sus garras firmes custodiando
la justa saciedad de sus raciones diarias
junto a los huesos descarnados de otros
tantos como nosotros esperando
cuando ningún resquicio de amabilidad,
de dicha, de esperanza queda.
Y todo vuelve a donde todo
es ya ceniza o polvo.

PERDURACIÓN

Para que sirvas de amuleto
entreverado con los hilos de la aurora
contra ese cruel intento del invierno,
este incesante desenfreno
del dulce beso de ambas lenguas
y en éxtasis sumidas sus dos bocas:
olor, calor, sabor en ti
que en pertinaz agitación me ofrecen
efluvios invisibles entre flores blancas
para tenerte en mí
en tanto que recibes
de un trémulo refrenamiento
el culminar de una presencia momentánea
con repentino y súbito estremecimiento.
Y así un olor, calor, sabor de nuevo en ti sentidos
para permanecer así también
tú conformando sólo mi contorno.

Pero para tener conciencia más certera de mí mismo
paso revista diariamente a mis cadáveres
y en ese mismo instante
un futuro cadáver mío
me sobrevive entonces.
Fantasmas son de muertos
ésos que yacen enterrados
en la fosa común de mis neuronas
y que tan sólo viven olvidados
en la tumba veraz de mi falaz memoria.

Y aun cuando aún no esté a tu lado
sólo puedo decir que he respirado
un solo instante, ha sido
–latido con latido–
como beber la vida sorbo a sorbo
precipitada o lentamente todo
lo que al final entre los labios queda:
mi sed de siglos en apenas décadas,
mi soledad contigo,
mi abandono de todo lo vivido,
aun cuando seas tú quien ya no esté a mi lado.

DE LA VEJEZ

Te ves canoso y torpe en un espejo.
La galanura de antes
no volverá jamás;
los cabellos castaños
y el cuerpo musculoso
con la fuerza de antaño
se han ido para siempre.
Si no desean enfermar y envejecer
procuren no nacer; pero echarán de menos
el olor, el color y hasta el sabor del vino
o las mujeres jóvenes de entonces
que –aunque hoy resulten menos tentadoras–
al menos siempre las recuerdas
algo livianas y también ligeras.

Envejecido vuelvo a contemplar
la eterna juventud de esas doncellas
que, siendo niño, vi que me miraban
lascivamente
desde un tapiz antiguo.

LA DESPEDIDA

¡Qué más nos da que hayamos sido o no
dichosos o infelices
y haber dejado ya de serlo
o todavía seguir siéndolo!
Y todo lo demás
¿qué más dará también?
Lo importante es llegar a cualquier sitio
y, llegado por fin ese momento,
saber partir de ahí con dignidad;
la dignidad que da
sólo saber quedarse el tiempo suficiente
y, si es posible, dejar algo
para cuando otros después lleguen.

Los días se suceden,
también la primavera torna,
aunque la juventud y la belleza
también intactas permanecen
al irse sucediendo en otros.

AQUELLOS TIEMPOS

Me han dicho que el otoño es bello
allá
en los remansos de Aguaitía.
Será verdad,
pero aquí en plena primavera
tan solo siento que me acosan
achaques propios del invierno.
Lo que tuvo principio irremediablemente
también tendrá un final muy pronto.

Igual que vi que por la senda
que va del pueblo al bosque
un leñador traía
los troncos de aquel árbol
cuyas semillas yo sembré,
quizá por esa misma senda vuelva un día
con estos troncos
hechos tablones ya
de mi propio ataúd.

LOS ADIOSES

Adiós, a mis amigos
los pájaros
que al alba y al ocaso
en silencio escuchaba
y que ahora apenas percibo.
Adiós, a mis amigas
las flores
cuya fragancia aspiro
pero que pronto dejaré de verlas.
Adiós, a todos mis amigos
por aquellas mañanas
de tertulias amenas y de vinos
hasta la alegre madrugada.
Adiós
por siempre a todas las mujeres
que fueran en mi vida
consuelo para tantas despedidas.

Me sería imposible saludar a todos.
Tampoco fue posible aquí
a todos conocerlos.
Que este gesto de despedida valga
también de bienvenida.
Quiero dejar como amistad unas palabras
que lo mismo ya da que no les lleguen.

Al dios, amigo de la papa
y a la papa amiga del vino
y a los amigos,
a todos los que son
o han sido,
¡adiós!

Adiós también a aquellos que vendrán
por mi propio camino.
A todos ellos yo les digo
¡gozad,
gozad mientras podáis!

LA DURACIÓN DEL TIEMPO

Dichoso el río que conduce todo el año
sus aguas transparentes por un lienzo.
También dichoso el árbol
siempre alzando sus brazos llenos de hojas
para dar sombra al joven que en su tronco
descansa plenamente en la escultura.
Feliz la planta incluso
que se ve eternamente florecida
en un brocal, labrada en piedra.
Y qué doncellas más felices
viéndose siempre bellas
y alegres en canciones.
Pero el tiempo destruye cuanto toca,
también el tiempo borra el cuadro
y quiebra la escultura
y siempre logrará
que las figuras del bajorrelieve
se desvanezcan y se borren
o la canción se olvide.

Las flores y las hojas de la primavera
con los ardientes frutos del estío
negrean ya en un lecho
que acabarán pudriendo
las lluvias del otoño.
Las torres antes fuertes
hoy se levantan vulneradas por el tiempo
con parte de sus flancos esparcidos por el suelo.
Y el animal antaño vigoroso y ágil
ahora yace entre los buitres
con sus restos aún calientes.

Y allí, donde la gente va a sentarse
y escuchan unos a otros sus lamentaciones,
el tiempo, que lo mismo corre para el rey
o los bufones,
se va en suspiros. Qué más da
si la que daba las noticias
hoy es también noticia
o la canción de todos esos pájaros
que siempre oyó cantar
al alba en otros brazos
era la misma de hoy.
Aunque otro sea quien la escuche y diga
¡levántate, mi amada,
que el día ya huye tras el sol
y tus ojos podrán mirar mañana nuevos rayos,
pero éstos no!

Como en cualquier mansión
de buen burgués que bien se precia
había en el salón jarrones chinos
y un par de cuadros con escenas
de la caza del zorro en Inglaterra,
en la pared del comedor, probablemente ahora
habrán pasado muchos años
y la casa estará quizás en ruinas,
porque las sombras seguirán pasando,
dando la posición del Sol
–casi idéntica a la de entonces–,
aunque no sople el mismo viento ya,
aunque no quede polvo que arrastrar de entonces
ni tampoco de ayer siquiera el polen,
aunque las horas se vayan sin prontitud,
ni espera ni tardanza
pero cada una puntualmente siempre inexorable.

Verán luces de estrellas
que hace más de mil años se apagaron;
sus sombras son
estas palabras.

COMO SI FUERA AYER

Al irse de la aldea para siempre
se paró a contemplar el caserío
y entre la niebla que ocultaba
el humo de la chimenea vio una vaca
pastando indiferente
a cuanto en ese instante sucedía, ahí
volvió un biznieto suyo al cabo de unos años
y vio la misma vaca entre la misma niebla
que aún oculta el humo de esa chimenea
con la que el caserío sigue desafiando al tiempo.

¿Te acuerdas cuando ayer aún
todavía eras demasiado joven?
Hoy estás por la ventanilla del vagón
intentando reconocer cada paisaje
y mirando el reloj con impaciencia
porque el tren tarda más de lo previsto.
¿Y eso te preocupa ahora?
Mañana este tren ya no existirá
y para entonces el paisaje todo
habrá cambiado tanto
que tú, que ya habrás vuelto
con el polvo, jamás lo reconocerías.
Y ésos que están ahora a tu costado
leyendo unos periódicos pasados
no ven ahí las fotos
ni encontrarán sus nombres, que saldrán
también mañana con sus cuerpos
desfigurados entre la chatarra.

¿Y ni siquiera recordar
por qué olvidamos?
Todo quedó en palabras,
en puras y simples palabras,
sólo en buenas palabras.
La madre, la esposa y la hermana
esperan la noticia de la muerte
del hijo, del esposo y del hermano.
Pero ellas también mueren.
Y ¿cómo acompañar la soledad
salvo entre sí o consigo mismas?
Pero las palabras siguen siendo palabras llanas,
palabras, nada más
que inútiles palabras.

El pavor, el terrible pánico
que siente por la vida
el feto cuando va a nacer.
Un feto que en el seno de su madre sueña
lo que como hombre va a sufrir después.
Aún los buitres en sus ojos no se ven
pero él se está mirando ya en los ojos de los buitres reflejado.

TRÁNSITO

Unas termitas consumieron
las vigas y techumbres de los templos
y en pie quedaron sólo las columnas
que hoy hacen a esos templos más sagrados.
Y de la diosa Venus, en el mármol
un día en Milo se hizo su escultura
casi perfecta; al paso de los años,
tan sólo en lo que dura
más que carne se puede contemplar hoy día
la imperfección con la que el tiempo
ahora nos la entrega.

Las flores del cerezo y el almendro
no conocen sus frutos, pues no saben
lo que será el estío o fue el otoño,
ni apenas pueden distinguir sus ojos
la dulce primavera del hostil invierno.
Y piensan ellas que su propia floración
dura lo mismo que la imagen
de un monte sobre el río
o encima de la tierra
la sombra de un olivo centenario.

De pronto se ha nublado todo el cielo.
A las nubes fue el viento quien las trajo
y ya sobre estas tierras amenaza lluvia.
Pero ese inmenso mar de margaritas y amapolas
que en la pradera florecieran
tras unas cuantas gotas de rocío
se marchitaron en verano
y no ha quedado ahora
ni rastro de ellas.

MUERTE ANTES DE LA MUERTE

Escribí para los entonces no nacidos,
hoy escribiré ya para los muertos.
No has venido a ocupar el puesto de los héroes,
los hados o tal vez los dioses señalaron
la tarde en que triunfante
saliste por la puerta grande de la plaza
después de dar la vuelta al ruedo,
cuando entre todos a hombros te llevábamos.
Pero es efímera la fama
de los nombres que siempre quedan
muy pronto despojados
de todo aquello que nombraban.
Hoy entre todos a hombros nuevamente
te llevamos a tu última morada,
también prevista por los dioses o los hados.
De cuanto fuiste
acumulando en vida, queda
lo mismo que ha dejado el mar
–después de que sus aguas todo lo cubrieran–
tras sí sobre la arena al retirarse.
Para volver de nuevo
en otros como tú, como nosotros.
Y el ramo de laurel
que apenas ha servido para celebrar tus triunfos
se marchitó antes que naciese el crisantemo.
Recuerda,
no has venido aquí
a ocupar el puesto de los dioses.
Lo mismo que a los jóvenes
hoy llega para ti también la primavera
aun cuando tú ya no la veas ni la sientas tuya.

Luchad sin tregua, mas sabed
que el último que quede en pie
es un iluso vencedor
que en breve tragará también el polvo.

Y YA EN SAZÓN

Sazonarse para el gusano ahora
igual que alimentar después las lilas,
ya que no evitas a la muerte
sino que hasta ella vienes para ser
finalmente ella misma.

Desnudo me entregó mi madre al mundo,
desnudo me entregué a mi amada
y así sin prisas me desnuda
también la muerte.

De pronto
la sombra de un ciprés
a través del cristal de la ventana
cruza toda mi habitación
y reposa en mi cama.

Después de haber nacido recogiendo
despojos del amor que con el tiempo
a todos les parece casi
ni haberlos recibido,
todos habrán de contemplar también
círculos de buitres que encima de nosotros tracen
la excelsa geometría de los dioses.

CUANTO MARCHITARÁ EL VERANO

EL RESPLANDOR EN LA GUADAÑA

Sobre aquella parte del bosque
era oscura la noche;
de pronto, desde el fondo del paisaje
un pájaro pequeño de plumaje negro
alzando el pico hizo temblar su pecho
para lanzar al viento
su estridente sonido grave
que estertor era más que canto de ave.
Sin resplandor del Sol
tras sus últimos rayos
¿daba tiempo a escuchar aún
algún otro reclamo?
Sin dudarlo un instante
reemprendí el camino
hacia lo que debía de empezar
a ser de nuevo el campo,
porque además había visto
–a pesar de lo oscuro–
desde lo más profundo el brillo
rojizo de unos ojos que silencian
la muerte del poeta
a sus poemas.

A un lado del camino,
después de un corto o largo viaje,
aunque yaciendo,
no habrá al final descanso
tras ese beso que nos da la tierra, abriendo
gravemente sus labios, perfumando
con su aliento las carnes
y con su bálsamo mezclando
el polvo de su seno y la carroña
algunas veces levemente florecida,
unas queriendo aparecer en brozas
y otras buscando como larvas ciegas
permanecer con las raíces
que más se ahondan.

Qué más da que haya vivido o trabajado
en una embarcación de apenas siete metros de eslora
arrojando y recogiendo redes.
Qué más da que ahora esté enterrado
en la colina, desde donde
se pueda divisar el pueblo,
o en el fondo del mar
donde las redes de las embarcaciones
de menos de ocho metros de eslora
aunque perturben el descanso de mis restos
no logren rescatarme.
Qué más da que antes haya sido
un viejo pescador intrépido
que no aprendió a nadar porque era inútil
desafiar al destino.
Qué más da que ahora apenas lo recuerde
y sin embargo sienta todavía
el entumecimiento de mis miembros.
O qué más da que acabe
alimentando malvas
fuera del mar, si el mismo espíritu
mañana volverá a alentar un cuerpo más
como cuando al atardecer la brisa de hoy
mueva nuevamente los trigales.
Qué más da que antes de tiempo me hubiesen enterrado,
si a través de las raíces de la yerba seguiré sintiendo
el sol, la lluvia, el viento.
Qué más da, después de todo,
que nadie nos recuerde,
si tampoco nosotros
los hemos conocido a ellos.

Cerca del arroyuelo
muy pronto cantarán las aves,
habrán ya los almendros florecido
y entre las hierbas levemente humedecidas
tal vez el viento seguirá peinando
las tiernas amapolas.
Y abejas tempraneras estarán hoy día
buscando aún las flores del cerezo.
Aquí la luz empieza a ser más clara.

Bajo este cielo inmenso aspira
el aire tras la lluvia
con el aroma del romero
por el espliego sazonado.
Sentiré ser tu sombra cuando pases
junto a las piedras
debajo del ciprés
en donde está mi sepultura.

Soy yo, dije, y el viento
se llevó mis palabras.
Entonces, golpeé las puertas
y el tiempo consumió
con las huellas de mis nudillos
sus hojas de madera.
Soy yo, mandé poner
en la lápida de una tumba,
pero, otra vez, el viento
valiéndose del polvo
cubrió mi sepultura.

En el principio empieza ya el final.
Recuerdo que fui éste, que estoy viendo
como ese extraño que hoy
me está mirando siempre desde una fotografía,
hoy, esto es, hace muchos años.
Pero miro la luz que va dejando
mi sombra como un cerco de cenizas
en donde puedo ver aún la luz como otra sombra
que se refleja oscura en el azogue de los charcos.
Yo siempre creí ser, tan sólo, sólo yo
acostumbrado siempre
a no ser ese ser que me contempla a mí
como su sombra.
En el final perdura el principio todavía.

DESPUÉS DEL TRÁNSITO

Impresa toda mi alma queda
después de muerto en mi cerebro.
Lo que podía recordar en vida
era sólo un espíritu holográfico,
azogue, transparencia, espectro,
impacto, efluvio, vaho
de esos paisajes que en mis ojos se iban deshaciendo
–tejidos con los hilos de la luz
y luego destejidos
en sombras ya de cada imagen–
con la alegría de escuchar como latidos
de la naturaleza en cada trino de ave
o la emoción mayor
de quien espera a solas
volver en el silencio a oírlos
para escuchar la vida
ya nuevamente así en secreto.

Y en este espacio en donde estoy
hay otro tiempo diferente al que tú vives.
Ahí amanece
cuando anochece aquí.
E incluso en este sitio
hay un lugar al mismo tiempo
para quienes que hubiesen sido allí tan poderosos
que aquí lo sigan siendo
y otro para nosotros sin embargo, los que allá
o acá seremos los menesterosos
que siempre fuimos.
Todo el futuro es ya pasado ahí
pero el presente aquí
siempre es eternidad.

Primero me dijeron "piensas, luego existes".
Después yo lo repetía una y otra vez.
Tantas que ahora pienso que existí quizás
tan sólo porque los demás lo oían.

LA PERMANENCIA

Tan sólo en tierra lo que dura es polvo
donde imposible es distinguir
sobre unos lechos de cadáveres podridos
otro cadáver más descomponiéndose.

El rostro de un anciano se parece más a los espejos
que con los años han perdido parte de su azogue.
Ahí se ven los restos de cuanto él aún refleja,
mezclado con los trozos
de lo que está detrás, como el aquí
del más allá.
Allí también se asoma todavía
no sólo lo que es él ahora
sino lo que antes fuera y todo
lo que será después,
eso que permanece siempre
que alguien se acuerde de uno.

Y estoy sufriendo la metamorfosis de mis miembros
en helechos, mi ropa entera ya deshilachada
y en musgo convertida,
aunque la carne, endurecida, fría y dura más
que un alma, aunque perduran ambas
menos que el polvo y que los huesos.

VIDA DESPUÉS DE LA VIDA

La copa de un ciprés se dobla con el viento,
ya sabes dónde.
También ya sabes dónde se confunde
la sombra de la tapia con el mármol negro.
Y en el reflejo sobre el río
se ve también la imagen de esa tapia y del ciprés;
¿de qué te quejas, si por ti ha pasado
el mismo sol que vio quemar las naves de Cortés
y el que vio al séquito enterrado vivo con Ramsés II muerto?
Cada cual tuvo su oportunidad, aquí
y a estas alturas
no creo que haya nada
que nadie pueda nunca reclamar.

Brotes de primavera ya se asoman
por la ventana hacia las sombras.
Al fondo de la estancia,
acurrucado en su camastro,
un ermitaño, todavía envuelto
en vieja y sucia colcha, yace.
Su jarro y su escudilla están sin recoger
sobre una mesa apolillada y polvorienta.
Aunque es de noche, fuera
con la pluma del mirlo
un arrendajo escribe sobre el aire
lo que antes siempre oyese el eremita
cantar al estornino.

Y al mismo tiempo y no tan lejos
yo mismo pude ver cómo tu cuerpo se movía
más sensual que una de esas ramas
de los sauces movidos por las brisas
de aquellas primaveras.

Pero tú y yo
hace años ya que no nos vemos
ni quietos ambos ni moviéndonos,
porque hace mucho tiempo
dejamos de existir los dos.

Quisiste descubrir la edad del tiempo
y toda nuestra vida no es
más que un instante efímero
que ata cualquier conocimiento
únicamente a su ignorancia.
¿O tal vez sólo pretendías
que todo eso quedase
como un recuerdo perdurable
de aquel momento célebre?
Y aun cuando así no lo dispongas
al fin pondrán una inscripción sobre una lápida
para que todo transeúnte sepa
dónde reposa desde entonces
esa fugacidad que fue tu ser,
como después también hará con todos
los que de ti se acuerden.
Y el polvo luego con el viento pulirá la piedra
hasta borrar sus letras
–ésas que fueron sólo tuyas,
pero al nombrarlas hoy
sin embargo otros como tú también responden–
y el agua de la lluvia acabará desmoronando
el túmulo de tierra
mezclando aquélla –con la que te dieron sepultura–
con ésta, que resulta ser tu cuerpo ahora.

DESPUÉS DEL PRIMER RAYO

Vives tu hora, oh mortal, atolondradamente,
pues no posees la paciencia de los dioses
que disponen de todo el tiempo sólo
para ellos mismos.

Y no te inquietes tú pues volverás
al tiempo de morir
a donde estabas antes de nacer
pero esta vez sin la esperanza
de ningún otro nacimiento más.

AL APAGARSE EL FUEGO

Me vienen a los ojos
sólo imágenes muertas:
Todo lo contemplado alrededor
es ruina
y mi propia mirada entonces
se posa encima de las cosas
como otra sombra
de la mortaja que a la muerte sirve de guadaña
y de morada.
Y rememoras a tus deudos
cuando para ellos, todos
sólo estamos presentes
en lo que es un olvido suyo.

LA VIDA ENTRE LAS TUMBAS

Crees ver el sol sobre los campos
donde madura el fruto y la semilla
en secreto termina germinando.
Y crees ver también el sol
en las paredes de estas casas,
pero es la sombra de la muerte
lo que tus ojos ven en todo.
Y ahora te tumbas sobre la hierba verde
que crece casi un metro por encima
de lo que fueron campos,
ciudades y caminos en donde otros hombres
después de aposentarse transitaron
y que hoy se pudren, enterrados,
más de cien años antes de nacer nosotros.
Fue la muerte también la que nos hizo
esas pequeñas amapolas,
que inadvertidamente
han florecido alrededor después.

Luego, te echaste entre la avena
y con los finos latiguillos de tu pelo
el viento comenzó a flagelar tu cara.
Hoy ha vuelto ese mismo viento
a estremecer la avena sobre el promontorio
en donde ahora ahí descansas.
Yo no he cambiado tanto como tú
pero tampoco sigo siendo ya sin ti
el mismo de antes.

Sinceras y discretas son
las estructuras de las tumbas.
Ellas mismas indican
la forma y el volumen de los cuerpos.

Discretas y económicas
resultan las maneras
de acomodar a nuestros muertos
en calles, pabellones y cuarteles,
con nichos ordenados
por filas y columnas.
O en batallones
de cruces alineadas en la hierba
del campo que antes fuera de batalla
y donde los soldados dan reposo
a su obsesión constante por la muerte.
Aunque algunos se hicieran
erigir mausoleos
con mármoles y bronces
para atraer la vista a los furtivos
saqueadores de tumbas que perturban las sonrisas,
ésas que el tiempo deposita
sobre las máscaras de hueso
en las sentinas de los cráneos húmedas y frías
de su oscura galera sumergida
siempre hacia el más allá.
Y mientras tanto los más hombres
en busca de valor
acá visitan las tabernas.

Siempre que sean repetidas
estas palabras de los muertos
que vivo pronuncié,
ya muerto viviré
hablando entre los vivos.

LA ESPERA

Van a morir, aquí
nadie se salva; ya
ninguno ha de quedar para simiente
de rábanos. Nosotros –que ya somos polvo–
estamos esperándolos a todos
y el poco tiempo que les reste
lo emplearán sus ojos en llorar
a quienes ya no los verán
sufrir –entre los suyos,
que aún respiran–
después su propia muerte.
Van a morir
aquí, nadie se salva.

BAJO LA CRUZ DE LOS MUERTOS

Atesoré muchos soles a lo largo de la vida,
todos nuevos y brillantes como el oro;
pero, igual que los ganaba día a día,
cada noche los perdía,
como el que a ciegas echa otra moneda a un pozo.

Y estoy oyendo ya a mi lado
crujidos de un tablón de pino
al perforar las puntas de los clavos
la tapa a golpes de martillo
para cerrar el ataúd vecino.

DE LA NADA EN UNA TAZA DE TÉ

El futuro es como el pasado,
otro presente muerto, un no ser nunca.
Tu fin no será la terminación de nada
ni tan sólo el comienzo de algo,
sino de todo lo demás continuación
en todos los demás,
porque tú ya no cuentas.
Eres lo inexistente, mejor dicho
tu inexistencia se confunde con una inconsciente ausencia.
No hay vuelta ni reconsideración.
Ni siquiera detenimiento,
pues todo lo que fuese detenido se mantiene
permaneciendo inmóvil
–bien suelto o todavía atado–
en el vacío de la nada.
Pero entre esa quietud hay otro movimiento
hacia el marchitamiento, el deterioro, un irse
acartonando hasta caer desmoronado.
Y en ese estar caído el movimiento sigue
hasta quedar desperdigado,
desintegrado, aniquilado,
deshecho totalmente.
Y el tiempo sin embargo pasa,
sigue pasando
igual que pasa el viento
delante de su ruina y por encima
ese pasar es cuanto permanece
quieto, inmóvil, esto es,
ese terrible precipicio en que se cae
después de haber caído
por el horrible abismo del olvido.
Aunque antes
todos también tendremos
la última cena nuestra,
un tiempo a solas para la aparente mejoría
y otro después para los estertores.

Únicamente es Dios en tal momento
desolación, angustia, miedo,
desesperanza, duda,
superstición, pobreza o ignorancia,
resignación pagana
y, por si acaso,
además arrepentimiento.
Pero ya ¿qué propósito
de enmienda queda?

Como esa tacita de porcelana china
que cae al suelo y se hace añicos
sobre una alfombra para siempre
manchada con el té que contenía.
Desciende rápido,
pero se vuelve a recoger
en todos sus pequeños trozos
y otra vez llena vuela hacia la mesa
en donde estaba. Mira
cómo sale humo, todavía
con su imagen completamente ilesa
en mi imaginación, en mi memoria y de entre todos mis recuerdos.
Mas no por la implosión del universo como un Gran Colapso
en el que todas las partículas se acercan hasta comprimirse
en lo que fue el Big Bang primero.
Pero ¿también ahí estaremos todos?
¿O debemos esperar acaso
nuestro turno en la próxima expansión del universo?
Y ¿volveremos
tras el rebrote a ser los mismos
o sólo Stephen Hawking
para decir que Dios no existe?

DEL ENTORNO INTERIOR

Abro cualquier ventana de mi casa
–que en este instante es tuya–
y sólo veo destrucción, horror;
y entonces cambio yo de pensamiento
y repentinamente una extensión
de profunda seguridad y calma
resurge de mi voz en el silencio
¿Lo ves ahora?

Y al escuchar estas palabras
los pensamientos de mi mente
oyen sonidos de una voz cansada
que me habla interiormente.

El apego por los lugares donde
nuestros actos transcurren todavía
se convierte en apego a aquellos otros actos
que jamás en ningún lugar han sucedido nunca.
Y así nace el amor por cuanto nace
o cuanto muere siempre.

CUANTO SE HA CIMENTADO EN LAS TINIEBLAS

La oscuridad crecía con nosotros, paso a paso
se hacía a nuestros gestos, en cada acto
se iba adentrando en nuestros ojos, siempre
como una sombra acompañándonos, a veces
crecía más de prisa que nosotros
esperando pacientemente recibirnos en el sueño
profundo de una larga noche.

Al viento a punto de volar estaban sus palomas,
que un inmenso calor en la terraza hacía ahí;
hacia el hijo se inclina el padre
–aunque en verdad se echó sobre su esposa–,
pero la madre ahora sueña, finalmente
hallaron en el aire esas palomas
otro sostén más firme y suave.
De joven no pensabas todavía
que tú y los demás estaban
en presencia de todos descarnando sus cadáveres
desde que fueran jóvenes e incluso niños.
¡Ahora tú también, lector enmudecido,
debes tener en cuenta estas palabras.

HACIA LOS BROTES NUEVOS

La Gran Muralla ya desmoronada,
la Tour Eiffel vencida,
la Estatua de la Libertad
sumergida en la gran bahía,
Machu Picchu precipitado al río
ya sin ningún reflejo suyo
y los restos del Partenón barridos doblemente
del Museo Británico
y de la Acrópolis de Atenas.
Toda la civilización en nueva Atlántida
–la lluvia, el viento habrán deshecho
cualquier vestigio de que aquí estuvimos–
devuelta al fango de la tierra,
convertida en escoria de la lava,
yaciendo ahora
bajo la sombra de otras cosas.

Las montañas serán cubiertas
por una gruesa capa
de hielo cristalino y nieve pura.
Los torrentes cayendo
formarán grandes bosques donde anidarán las aves
y extensísimas praderas en donde pacerán las bestias.
Correrán otra vez los ríos en sus aguas
transparentes con numerosos peces
y entre riberas verdes
arribarán a un mar sin restos de naufragios
ni ruidos de hélices
frente a unas playas amplias
de arenas limpias.
Y azules otra vez serán los cielos
brillando con un sol más claro
y la luna estará entre más estrellas por la noche.
Todo eso ocurrirá
–oh Teócrito, oh Garcilaso–
cuando no quede nadie
que lea ya bucólicas ni que églogas escriba.

INCERTIDUMBRE DE LA EXISTENCIA

Ciega la luz
a quien no está en su centro.
Un ser iluminado actúa en consecuencia
sin visión ni conocimiento.

Cae la nieve, va cayendo ya
sobre todas las cosas, cae
a grandes copos sigue
cayendo, con su manto blanco
todo lo cubre;
bajo esa urdimbre yace, convertido
en podredumbre, todo
cuanto antes se movía, respiraba
o envejecía, ahora
muerto el deshielo con su sombra
lo está arrastrando al fango, al polvo, al humo.

LA EXTRAÑA CONTINGENCIA DE LOS SERES

Esto no es polen, no es semilla al viento
de una siembra al azar.
Todo resulta ser
fortuito hallazgo de una búsqueda premeditada.
Lo mismo que la abeja
fecunda con sus patas una y otra flor,
lo mismo que los pájaros
que entre su abono desparraman las simientes,
el viento es el crupier que hace girar la rueda
logrando que las formas de las dunas cambien,
que las olas desenfrenadas lleguen
a romper violentamente contra las rocas en los acantilados
o a tenderse ampliamente por la playa
hasta alcanzar el punto en que semejan ser
un perro dormitando mansamente
sobre la alfombra desplegada ante los pies de su amo.
Y el viento es quien agita esas banderas;
no en un afán de exaltación patriótica,
sino más bien en un escrupuloso empeño
por acabar deshilachándolas.
No es polen, no es semilla el viento.
Es simple azar.

Y el mismo viento
que me insuflara tanta vida
–aliento o desaliento–, apenas hoy será
un breve instante
en la transformación de una materia.
No la nada que se hubo convertido en algo
ni algo que volverá a alcanzar la nada,
sino algo de la nada que resulta ser,
todo lo que le falta aún
para llegar a ser del todo.

Nuestra existencia así transcurre
como algo semejante a los irrepetibles juegos
del mar sobre la arena,
del viento entre las nubes,
de la espuma del mar entre la arena presa
o de la arena de las dunas contra el viento
y nuevamente en los irrepetibles juegos
del viento con las ramas de los árboles,
donde la permanencia temporal jamás nos fuera concedida
tras aquella tendencia a la celebración de aniversarios,
sino por el azar de cada movimiento
atravesando la fugacidad de los segundos
con la pesada dimensión de nuestros cuerpos.
La brusca sacudida de las alas de los pájaros
o el más leve estremecimiento de las plumas de su cuerpo
desde una sola rama logra brevemente
la agitación del resto de las hojas.
Y nuestras existencias mientras tanto siguen sucediéndose
–sin que ninguna cosa vuelva a ser lo mismo–
como si nada hubiese sucedido anteriormente.

ESTE FINAL ES UN COMIENZO

El agua de la catarata nunca tiene
conciencia de la altura o el abismo al que se asoma,
sólo cae, como un recién nacido
llorando sin saber
lo que es la vida y sin embargo vive.
Y cuando el agua está en el aire
se precipita a chorros
hasta fundirse en un hervor de espumas
y diminutas e invisibles gotas sujetando su arco
iris contra la luz del cielo en otro nuevo cauce.
Así, con una leve inclinación hacia su muerte,
el río vuelve a transcurrir serenamente
y toda la naturaleza en ese lento declinar
se ve en sí misma reflejada,
como en las convulsiones tras aquel agolpamiento
sigue la quietud de un profundo y largo sueño.

Incluso andando
la gente tiene prisa.
Ninguno se detiene
a contemplar las casas.
Tampoco es importante:
Mañana al despertar
todo ahí seguirá esperando.

Yo me siento a explorar el cielo
en busca de una nube.
Ninguna, ni ella misma
tendrá otra vez su forma, a cada instante
la vida alrededor escapa siempre.

ESTE COMIENZO ES EL FINAL

Gente que viene de bien lejos sólo
a visitar los oros de la tumba
del Señor de Sipán en unas horas.
Pero él ni nos escucha ni nos habla;
durante siglos permanece así en silencio.
A mí en cambio me lleva una jornada
acudir a la casa de mi amigo.
Sin prisas conversamos largamente.
Aunque su casa en pie
pueda aún resistir algunos años,
tal vez mañana alguno de los dos no estemos.

La lagartija, que ha logrado
escapar de mi campo de visión, ya no me preocupa
tanto, como que no haya percibido yo su rastro.
Quizá alguien sin saberlo me las borre
y así se habrán perdido eternamente
también las huellas de ese instante.

Aunque crea reconocer mi cuerpo
en la silueta de una sombra,
la umbría es de la luz, no mía.

El hilo de la araña tiende
hacia la muerte siempre de otro,
esperando un otoño en pleno estío.
Y no es capullo así
del gusano de seda,
crisálida de larva
que se envuelve a sí misma,
como el invierno
prepara ya otra dulce primavera más.

¿NO ES TIEMPO ACASO?

Es tiempo ya de dar descanso
a cada átomo en todas mis moléculas
aun cuando bajo el molde
como de yeso o cera
aún la piel resista sobre el hueso
momificada en la humedad y el frío
o entre las llamas
se mezclen sus cenizas.
Ya habitan en las playas de mi cuerpo
millones de cangrejos como células
que entre granos de arena
humedecidos al latido y pulso de los vientos
por la salobre sangre de esos mares
aran y siembran agujeros
que socavan la piel y van minando
las olas como miembros de órganos lisiados.
Son crustáceos de ríos
que vienen a morir al mar
y las raíces de las zarzas
en el tejido de las venas
ni arraigan ya en la arena
ni detienen las dunas ya
en la clepsidra de las lágrimas.
Es tiempo, pues, de dar descanso ya
a estas neuronas que a la sombra
oculta de la carne
en vez de apaciguar los nervios
y distender los músculos
serán el alma que las alce y las arrastre
a ensombrecer el resplandor de un sol efímero
cayendo en un profundo
e incierto mar oscuro
de légamos sombríos.

Pero ya el tiempo ha muerto ahora en este instante
y todo mi universo en ese punto
convoca al resto de los pájaros
que hubiesen levantado el vuelo hacia la aurora
y los conmina a sostener sus huesos en el aire
con tal de no tocar la tierra nunca
ni entre las ramas de los árboles
ni en los aleros de las casas
pararse a contemplar atónitos lo que jamás quisieran
volver a ver mis ojos en los tuyos:
la gran copa de un átomo escindido nuevamente
en la obediencia ciega de unas manos trémulas
ante la voz enloquecida que la manda
caer contra nosotros
encima de nuestras cabezas
entre los hombros
sobre nuestras espaldas
dejándonos a todos ya
sin siringas ni címbalos ni liras.

PASIÓN DE LA TIERRA

Puedo decir que no hay eternidad más duradera
que la de un pájaro en el ala
tocado en pleno vuelo hacia la gravidez terrestre
en una doble condición de cuerpo y sombra
precipitadamente unidas.
¿Para qué hablar, entonces
de las partes alícuotas
del gentío sumido en cada ser humano
o de los individuos solos
desperdigados de tal modo en una muchedumbre
cuando ambos son sentidos en un mismo instante de hoy?
Pero ¿a qué tiempo estamos refiriéndonos
si vemos el presente sin mañana
e imaginamos el futuro sin ayer?,
sea el lugar de donde venga o vaya,
aquí, en donde siempre estoy.
Y si naturaleza no hay que me deleite menos
que la de Marte,
ninguna hay que me agrade más que la de Venus,
pero puedo decir también entonces
que no hay mayor infinitud aquí
que la terrible gravedad terrestre
que así nos ata fuertemente y nos arrastra
no ya a la muerte sino a la agonía siempre.

VIDA DE UN HOMBRE

La humilde servidumbre de un maestro
apoltronado en una silla austera
y ante una mesa inmensa,
que sólo ocupa un corazón enorme
que llega hasta unos ojos anegados,
como unas norias que derraman
sabiduría, amor, templanza,
a unos niños como futuros y posibles gobernantes
y a las niñas como princesas ciertas, como reinas;
como una noria que repite siempre lo de siempre,
que sempiternamente vuelve
y permanece siempre como noria,
que sabe que no puede retenerlos,
que los verá marcharse un día como el agua
y acabará por olvidar un año
las caras y los nombres
de todos ellos, que son agua remansada y agitada
en los cangilones del pupitre.
Pero ante él hoy los ve sentados,
pendientes todos de su voz que cariñosa, emocionada,
distintos rostros de otros nombres diferentes llama;
en tanto que responden todos al unísono
con tono y timbre tembloroso,
con inocencia semejante,
con timidez igual;
y en pasos rápidos, pequeños, unos y otros van callados
a leer o escribir de nuevo en la pizarra,
los mismos que cada año con mirada absorta
de nuevo se suceden
en repetido ruido e idéntico silencio,
mientras él serio siempre los contempla
tras unos lentes empañados con el polvo de la tiza
que no permite nunca a los alumnos ver las lágrimas
disimuladas siempre en su sonrisa,
al ver lo que después harán algunos;

como ése de dos caras que negocia a las espaldas
y que después se queja de no haber tratado en los cubículos
lo que se ha dicho en plena calle,
obcecado en seguir
así negando sus valores, sus creencias, sus principios
o ésa que habiendo estado siempre por debajo de otros
se cree ahora por encima de cualquiera, esto es, de todos.
Pero a pesar de su tristeza duda
de si fueron sus propias enseñanzas o quién sabe
si más bien sólo aprendizajes de otros,
porque no sabe ya si los recuerda
de haber estado en sus pupitres ellos siempre distraídos
o pensativo y caminando solo haberlos visto por el patio
o los pasillos.

ÍNDICE

Printed in Great Britain
by Amazon